W0356489

Daniel Kern

Elevator Pitch 2.0

Ihr erster Schritt zum Geschäftsabschluss: Wecken Sie das Interesse Ihrer Zielkunden durch eine maßgeschneiderte Ansprache.

FSC
www.fsc.org
MIX
Papier aus verantwortungsvollen Quellen
Paper from responsible sources
FSC® C105338

Bibliografische Information der Deutschen Nationalbibliothek:

Die Deutsche Nationalbibliothek verzeichnet diese Publikation in der Deutschen Nationalbibliografie; detaillierte bibliografische Daten sind im Internet über http://dnb.dnb.de abrufbar.

© 2015 Daniel Kern

Foto: © Photographee.eu
Umschlaggestaltung: Sophia Valkova
Lektorat: Annette Scholonek

Herstellung und Verlag: BoD –
Books on Demand, Norderstedt

ISBN: 978-3-7347-8959-5

Das Werk einschließlich aller Inhalte ist urheberrechtlich geschützt. Alle Rechte vorbehalten. Nachdruck oder Reproduktion (auch auszugsweise) in irgendeiner Form (Druck, Fotokopie oder anderes Verfahren) sowie die Einspeicherung, Verarbeitung, Vervielfältigung und Verbreitung mit Hilfe elektronischer Systeme jeglicher Art, gesamt oder auszugsweise, ist ohne ausdrückliche schriftliche Genehmigung des Verlages untersagt. Alle Übersetzungsrechte vorbehalten.

Die Benutzung dieses Buches und die Umsetzung der darin enthaltenen Informationen erfolgt ausdrücklich auf eigenes Risiko. Der Verlag und auch der Autor können für etwaige Unfälle und Schäden jeder Art, die sich beim Besuch von in diesem Buch aufgeführten Orten ergeben (z.B. aufgrund fehlender Sicherheitshinweise), aus keinem Rechtsgrund eine Haftung übernehmen. Rechts- und Schadenersatzansprüche sind ausgeschlossen.

Das Werk inklusive aller Inhalte wurde unter größter Sorgfalt erarbeitet. Dennoch können Druckfehler und Falschinformationen nicht vollständig ausgeschlossen werden. Der Verlag und auch der Autor übernehmen keine Haftung für die Aktualität, Richtigkeit und Vollständigkeit der Inhalte des Buches, ebenso nicht für Druckfehler. Es kann keine juristische Verantwortung sowie Haftung in irgendeiner Form für fehlerhafte Angaben und daraus entstandenen Folgen vom Verlag bzw. Autor übernommen werden. Für die Inhalte von den in diesem Buch abgedruckten Internetseiten sind ausschließlich die Betreiber der jeweiligen Internetseiten verantwortlich.

Inhaltsverzeichnis

Vorwort

Liebe Leserin, lieber Leser,

kennen Sie das: Sie kommen mit Ihrem Traumkunden oder einem Menschen, den Sie unbedingt als Vertriebspartner gewinnen wollen, ins Gespräch. Irgendwann fragt er Sie: »Was machen Sie denn so? «

Meine Erfahrung zeigt, dass es hier drei Kategorien von Antworten gibt. Die erste wird von eine Gruppe Menschen, die ich »Stotterer« nennen möchte, gewählt. Sie sagen etwas wie: »Wissen Sie, ich habe da so Produkte, die sind ganz gut, man kann sie für die Gesundheit brauchen, andere machen auch Menschen schön und dann biete ich auch noch Versicherungen und Reisen an.« Wie attraktiv fänden Sie es, hier weiter nachzufragen und mehr über die Produkte dieses Gesprächspartners zu erfahren? Mein spontaner Eindruck wäre: »Nur weg hier – bevor er beginnt, mir irgendwelche Produkte zu verkaufen!«

Die zweite Sorte von Antworten wählen diejenigen, die sagen: »Das ist nicht so einfach. Setzen Sie sich bitte hin, ich erkläre Ihnen das Ganze.« Wenn Sie es in dem Moment nicht schaffen, die Flucht zu ergreifen, werden Sie die nächsten ein bis zwei Stunden dasitzen und Ihrem Gesprächspartner zuhören, wie er Ihnen mit jeder Menge Begeisterung von sich selbst, Gott, der Welt, seinen Produkten und der Möglichkeit erzählt, damit Ihre Zukunft abzusichern.

In beiden Fällen ist die Wahrscheinlichkeit, dass Ihr Gesprächspartner zu dem von ihm gewünschten Erfolg kommt, extrem klein.

Nur derjenige, der die dritte Art von Antwort bringt, hat gute Chancen, seine Ziele zu erreichen. Er nutzt den jeweils passenden Elevator

Pitch. Anders als die meisten Menschen denken mögen, handelt es sich dabei nicht um ein standardisiertes, auswendig gelerntes Sprüchlein, das Sie bei jeder Gelegenheit nutzen, sondern um einen Satz, der genau mich trifft und mich neugierig macht. Wie Sie so einen Elevator Pitch 2.0 entwickeln und einsetzen können, lernen Sie in diesem Training Schritt für Schritt.

Ich wünsche Ihnen beim Erreichen Ihrer Ziele viel Erfolg.

Ihr Daniel Kern

2.5.2015

Elevator Pitch - was ist das?

Der Begriff Elevator Pitch stammt aus den USA. Die englischsprachige Ausgabe von Wikipedia schreibt dazu:

An elevator pitch, elevator speech, or elevator statement is a short summary used to quickly and simply define a profession, product, service, organization, or event and its value proposition.

The name »elevator pitch« reflects the idea that it should be possible to deliver the summary in the time span of an elevator ride, or approximately thirty seconds to two minutes and is widely credited to Ilene Rosenzweig and Michael Caruso (while he was Editor for Vanity Fair) for its origin. The term itself comes from a scenario of an accidental meeting with someone important in the elevator. If the conversation inside the elevator in those few seconds is interesting and value adding, the conversa-

tion will continue after the elevator ride or end in exchange of business cards or a scheduled meeting.

Es geht also darum, ein Konzept, ein Angebot oder eine Meinung so auf den Punkt zu bringen, dass Sie beim Gegenüber innerhalb kürzester Zeit das Interesse wecken, mehr zu erfahren.

Es handelt sich um eine Gesprächseröffnung, nicht darum, dem Gegenüber »in einem Satz« die ganze Welt zu erklären. Ziel muss immer sein, dass unser Gegenüber den Pitch genügend interessant findet, um von sich aus nachzufragen.

Warum Elevator Pitch 2.0?

Üblicherweise wird Menschen beigebracht, dass sie für ihr Business einen Elevator Pitch entwickeln sollen, den sie dann bei möglichst vielen Gelegenheiten in der Hoffnung anbringen, eine große Anzahl an positiven Feedbacks zu erhalten.

Marketingtechnisch gesehen ist das die Dinosaurier-Methode. Es ist sozusagen verbale Postwurfsendung, bei der Sie denselben Flyer in alle Briefkästen einer bestimmten Stadt werfen lassen.

Den Effekt kennt jeder. Egal wie gut das enthaltene Angebot, der aufgedruckte Text, die Grafik und die Bilder sind – eine große Zahl der Flyer wird unbeachtet weggeworfen. Nur ein ganz geringer Teil wird gelesen und noch weniger Empfänger werden das Angebot wahrnehmen wollen (und können).

Genau dasselbe passiert, wenn wir einen Standard Elevator Pitch nutzen. Dahinter steht die Idee, dass Sie ja ein Alleinstellungsmerkmal haben, also ein ganz besonderes Angebot. Und dieses muss so spannend sein, dass Sie es der ganzen Welt erzählen wollen.

Der Denkfehler liegt darin, dass »der Wurm dem Fisch schmecken muss und nicht dem Angler«. Weil der Pitch vom Angler ausgeht, beschreibt dieser häufig das, was er für besonders attraktiv hält (also im Zweifelsfall die schöne Flasche kühlen Bieres). Dabei bedenkt er nicht, dass der Fisch (in unserem Beispiel: Ihr Gegenüber) ganz andere Vorlieben und Wünsche hat.

Der Elevator Pitch 2.0 (EP2) geht hier einen anderen Weg. Wir interessieren uns konsequent für den Fisch und seine Bedürfnisse. Natürlich wird deshalb der Angler nicht ausgewechselt werden, sehr wohl aber sein Köder, durch den er mit dem Fisch ins Gespräch kommen will.

Der EP2-Ansatz hat entsprechend mehrere Schritte:

- Definition des Ziel-Gesprächspartners
- Analyse des Ziel-Geschäftspartners
- Definition des USP
- Erarbeiten des EP2
- Wie weiter? – Das Varianten-Drehbuch

Will man mit einem Elevator Pitch wirklich erfolgreich sein, braucht es erheblich mehr, als bloß einen guten Einstiegssatz.

Definition des Ziel-Gesprächspartners

Ursprünglich entstand der Elevator Pitch im Bestreben, dem »Big Boss« sein Anliegen vorzutragen. In den großen Konzernzentralen war es meist so, dass das Topmanagement seine Büros ganz oben hatte. Bei teils tausenden Angestellten war die Wahrscheinlichkeit, einen Termin zu erhalten, minimal. Um direkt mit den großen Entscheidern ins Gespräch zu kommen, sahen viele Angestellte eine gemeinsame Fahrt mit dem Fahrstuhl als einzige Chance.

Da wurde schon mal der richtige Fahrstuhl abgepasst oder man lauerte an anderer Stelle, bis man Glück hatte, dem Boss in ein paar Sätzen von seiner Idee oder seinem Anliegen zu erzählen. Hatte man genügend Interesse geweckt, bestellte er den Mitarbeiter zu einem weiterführenden Gespräch ins Büro.

In diesem Fall war die Definition des Ziel-Gesprächspartners ganz einfach. Der Elevator Pitch wurde quasi als Maßanfertigung für eine Person gestaltet. Je besser man sich in die Person und deren Motivation einfühlen konnte, desto eher konnte man deren Interesse wecken. Genau hierin liegt die Stärke eines Elevator Pitchs. Er ist viel mehr als ein einfacher Slogan nach dem Motto: »Unsere Mittel gegen Haarverlust sind die besten« (wirkt besonders gut, wenn von Menschen mit extrem hoher Stirn geäußert).

Selbstverständlich ist es denkbar, dass Sie dasselbe Anliegen oder Angebot unterschiedlichen Menschen mit unterschiedlichen Motiven und Interessen unterbreiten. So kann es sein, dass ein Mitarbeiter dieselbe Idee sowohl dem Vertriebsleiter einer Firma wie auch dem Verantwortlichen für Qualitätsmanagement vorstellt. Im vertrieblichen Kontext wäre es aber strategisch, wenn Sie bei Ihrer Idee besonders den Aspekt »mehr Umsatz« aufzeigen, wohingegen der Leiter der Qualitätssicherung mehr Interesse daran hat, welchen Nutzen Ihre Idee für die Steigerung der Produktqualität aufweist.

Erkenntnis:

- Der EP2 ist optimal anwendbar, um für dieselbe Marktleistung unterschiedliche Personen(-Gruppen) gezielt und erfolgreich anzusprechen.
- Voraussetzung ist, die Personen(-Gruppen) klar zu identifizieren und für sie maßgeschneiderte Aussagen zu entwickeln.

Wer sind meine Ziel-Gesprächspartner?

Egal ob Sie ein klassisches Produkt oder eine Dienstleistung anbieten oder womöglich Vertriebspartner gewinnen wollen: Der erste Schritt Ihrer Arbeit muss sein, Ihr Ziel klar zu definieren. Nur wenn Sie genau wissen, was Sie erreichen wollen, sind Sie in der Lage, einen wirklich passenden EP2 zu entwickeln.

Viele Menschen, die andere Menschen als Kunden oder Vertriebspartner gewinnen wollen, gehen nach dem Bauchladen-Prinzip vor. Das wirkt zuweilen so wie die Verkäufer, welche man vom Strand kennt. Sie sprechen wahllos jeden an, der aussieht, als hätte er ein paar Euros dabei, und bieten ihm zunächst eine wundervolle (natürlich echte) Uhr für einen absoluten Sonderpreis an. Wenn sich ihr Gesprächspartner dann nicht interessiert zeigt, geht das Gespräch weiter: Sonnenbrille, Hochprozentiges, Energydrink, Ticket für den angesagten

Party-Klub.

Durch dieses Vorgehen entwerten diese Verkäufer sowohl sich wie auch ihre Produkte. Statt ein hochwertiges Angebot zu unterbreiten, vermitteln sie den Eindruck von Ramsch und Beliebigkeit.

Gehen Sie davon aus, dass Sie bei Ihrem Gesprächspartner genau eine Chance haben, ihn anzusprechen. Gelingt es Ihnen nicht, sein Interesse beim ersten Versuch zu gewinnen, ist die Chance für einen Erfolg beim zweiten Versuch minimal.

Ein wichtiger Gesichtspunkt bei der Suche (und Analyse) Ihrer Zielgruppe muss sein, ob diese zu Ihnen passt. Menschen haben die Tendenz, mit anderen Menschen zusammenzuarbeiten oder von Leuten zu kaufen, die ihnen ähnlich sind. Bildlich gesprochen: Wenn Sie sich in Birkenstock-Schuhen und ausgewaschenen T-

Shirts am wohlsten fühlen, dann sollten Sie keine Zielgruppe wählen, die sich nur in Schlips und Anzug wohlfühlt. Und wenn ökologisches Verhalten für Sie ein wichtiger Wert ist, dann sollten Sie Ihre Zielgruppe nicht im Ferrari-Klub suchen.

Selbstverständlich besteht die Möglichkeit, sich selbst anders anzuziehen, und auch ein Ferrari lässt sich mieten. Ihre Gesprächspartner werden aber fühlen, ob Sie authentisch sind. Zwar können Sie in jedem Umfeld erfolgreich sein und Abschlüsse machen, die Frage ist nur, wo Aufwand und Ertrag in einem sinnvollen Verhältnis stehen und der Erfolg am nachhaltigsten ist.

Analyse des Ziel-Geschäftspartners

Haben Sie Ihre Ziel-Geschäftspartner oder Ihre Zielgruppe gefunden, dann sollten Sie diese intensiv analysieren. Fragen sind hier:

- Was ist der Person oder Zielgruppe wichtig?
- Welche Werte sind ihr wichtig?
- Wie spricht Ihre Zielgruppe, wie kleidet sie sich?
- Welche Probleme[1] dieser Zielgruppe löst Ihre Marktleistung?

---

[1] Beachten Sie, dass die Probleme nicht immer materieller oder kommerzieller Art sein müssen. Auch »nicht wahrgenommen werden«, »mangelnde Anerkennung« oder »Langeweile« können Probleme sein. Beachten Sie ebenfalls, dass es nicht wichtig ist, ob etwas für Sie ein Problem darstellt, sondern ausschließlich, ob die Zielgruppe dies als Problem sieht.

- Welches ist das herausragendste Problem, das Sie für diese Zielgruppe lösen können?
- Was könnte es für die Gruppe schwierig oder unmöglich machen, Ihr Angebot anzunehmen?

Die Antworten auf die vorhergehenden Fragen sind essenziell für den nächsten Schritt, die Erarbeitung Ihres Alleinstellungsmerkmales. Sollte sich bei Ihrer Analyse herausstellen, dass Sie die Mehrheit der Fragen nicht beantworten können oder die Antworten aufzeigen, dass Ihr Angebot gar keine Probleme der definierten Zielgruppe löst, dann sollten Sie zurück zur Definition der Zielgruppe. Es macht keinen Sinn, jemandem ein bestimmtes Angebot zu unterbreiten, dem es keinen Nutzen bringt.

Am Ende einer Zielgruppen-Analyse sollten Sie in der Lage sein, die folgenden Fragen zu beantworten:

- Welches brennende Problem löst Ihr Angebot für die Zielgruppe?
- Welche Sprache, welche Kleidung und welches Auftreten erwartet Ihre Zielgruppe, um ihr Gegenüber »für voll« zu nehmen?

Definition des USP

USP ist das englische Kürzel für ein Alleinstellungsmerkmal. Wikipedia definiert den Begriff wie folgt:

Als Alleinstellungsmerkmal (engl. unique selling proposition oder unique selling point, USP) wird im Marketing und in der Verkaufspsychologie das herausragende Leistungsmerkmal bezeichnet, mit dem sich ein Angebot deutlich vom Wettbewerb abhebt. Synonym ist veritabler Kundenvorteil. Das Alleinstellungsmerkmal sollte „verteidigungsfähig", zielgruppenorientiert und wirtschaftlich sein sowie in Preis, Zeit und Qualität erreicht werden. Der Begriff gehört zum Grundvokabular des Marketings. Ein Alleinstellungsmerkmal, d. h. ein einzigartiges Nutzenversprechen, soll mit dem Produkt verbunden werden.

Wenn wir davon ausgehen, dass unterschiedliche Zielgruppen auch unterschiedliche Bedürfnisse haben (können), dann müsste offensichtlich sein, dass es für diese auch unterschiedliche Alleinstellungsmerkmale geben kann.

In der Analyse der Ziel-Geschäftspartner haben wir schon die wichtigste Arbeit geleistet. Wir haben herausgefunden, welches das brennendste Problem für die betreffende Zielgruppe ist und welches unserer Angebote es löst. Wenn Sie der Zielgruppe hierfür die passende Lösung bieten, sind Sie bereits auf dem richtigen Weg, aber noch nicht am Ziel.

Die Tatsache, dass Sie das brennendste Problem Ihrer Zielgruppe lösen können, reicht bestimmt aus, Sie in die engere Wahl möglicher Anbieter zu nehmen. Reicht es aber auch, damit Ihre Zielgruppe Ihren Vertrag unterschreibt? Was bieten Sie an, was Ihre Marktbegleiter und Konkurrenten nicht anbieten? Es geht um ein Alleinstellungsmerkmal, also den Grund, warum ausschließlich Ihr Angebot infrage kommt.

Ich höre und lese immer wieder Alleinstellungsmerkmale wie:

- Unsere Produkte sind vom Institut XYZ in ABC geprüft.
- Unsere Produkte sind seit zwanzig Jahren erfolgreich im Einsatz.
- Wir sind die Besten.
- Alle unsere Produkte sind garantiert in Bio-Qualität.
- Es gibt ein Buch, das belegt, dass unsere Produkte super sind.
- Unsere Firma ist seit »tausend Jahren« erfolgreich am Markt präsent.

Das sind keine Alleinstellungsmerkmale. Das erzählt jeder von seinen Produkten und jeder hat irgendeinen Professor, einen Doktor, eine Studie oder ein Institut, welches besagt, dass seine Produkte gut sind. Solche Aussagen mögen ganz nett sein, sie werden aber kaum jemanden begeistern. Außerdem stellt sich die Frage, inwiefern diese Marketingfloskeln etwas mit dem Problem, das wir lösen möchten, zu tun haben.

So finden Sie den USP für Ihren Zielkunden:

- Nehmen Sie ein großes, leeres Blatt Papier (mindestens A3) und schreiben Sie als Titel das Problem Ihrer Zielgruppe, welches es zu lösen gilt.
- Hängen Sie das Papier an eine Wand, den Schrank oder eine andere Oberfläche, wo Sie es täglich sehen, und legen Sie einen Stift dazu.
- Jedes Mal, wenn Sie daran vorbeigehen, lesen Sie den Titel, und wenn Ihnen ein

Argument einfällt, das aufzeigt, wie es das Problem löst, notieren Sie es. Wenn Ihnen mehrere Argumente einfallen, dürfen Sie auch mehrere notieren.

- Haben Sie zwanzig bis dreißig Argumente zusammen, analysieren Sie diese kritisch. Stellen Sie sich vor, Sie sind jemand in Ihrer Zielgruppe. Sprechen Sie die Argumente laut aus, hören Sie sich selbst zu und bewerten Sie jedes auf einer Skala von 1 (schlecht) bis 10 (Punktlandung). Überlegen Sie kritisch, wie überzeugend dieses Argument darlegt, dass Ihr Problem gelöst wird. Wenn Sie die Möglichkeit haben, fragen Sie auch Bekannte, Freunde und Kollegen nach Feedback.
- Was weniger als 6 Punkte hat, können Sie streichen. Bei den anderen sollten Sie prüfen, ob sich diese Argumente noch optimieren lassen.
- Suchen Sie nach weiteren Argumenten und optimieren Sie die bereits bewerteten so

lange, bis Sie eine 10 haben. Die 10 ist Ihr USP für die gewünschte Zielgruppe.

Erarbeiten des EP2

Wir haben nun die Grundlagen, aus denen wir einen schlagkräftigen EP2 erarbeiten können. Für unser EP2-Rezept besitzen Sie jetzt diese Zutatenliste:

- Sie wissen, was Ihr Ziel ist.
- Sie wissen, was Ihr Angebot ist.
- Sie wissen, wer Ihr Zielpublikum dafür ist.
- Sie wissen, welches Alleinstellungsmerkmal für Ihr Zielpublikum am erfolgversprechendsten ist.

Worüber Sie sich noch bewusst werden sollten, ist, dass es bei einem EP2 nicht darum geht, alles zu erklären. Das schaffen Sie ohnehin nicht. Ihr Ziel muss vielmehr sein, dass Sie Ihr Gegenüber so neugierig machen, dass es zurückfragt.

Ziel ist es, dass Ihr Gegenüber nachfragt.

Um dies zu erreichen, gibt es unterschiedliche Herangehensweisen:

Der Nutzen-Ansatz

Der Nutzen-Ansatz ist ein eher konservativer Ansatz. Je nach Zielpublikum kann dieser aber absolut angebracht sein. Es geht darum, den erarbeiteten Nutzen für die betreffende Zielgruppe in einen Satz zu verpacken.

Einfach wäre es, zu sagen:

»Ich verkaufe Menschen Unfallversicherungen«.

Fachlich mag dies stimmen, aber wo genau ist der Nutzen für den Zuhörer? Er lässt sich bestenfalls für jenen Menschen vermuten, der am Morgen vom innigen Wunsch, eine Unfallversicherung zu kaufen, aus dem Bett gefallen ist.

Eine nutzenorientierte Alternative könnte sein:

»Ich stelle sicher, dass Sie Unterstützung haben, wenn in Ihrem Leben etwas schiefläuft.«

Der große Unterschied ist, dass in der überarbeiteten Version Menschen neugierig werden und nachfragen. Damit geben Sie Ihnen den Raum, nun mehr zu verraten. Zudem haben Sie einen klaren Nutzen dargestellt, und den wünschen wir uns doch alle?

Der Freestyle-Ansatz

Der Freestyle-Ansatz wird von vielen Menschen (und auch Buchautoren) propagiert. Der Ansatz geht dahin, dass Sie Dinge möglichst originell verpacken. Da wird aus dem Rentenberater der »Ruhestandsplaner« oder aus einem Versicherungsberater der »Vermögensarchitekt«. Ein Verkäufer von Vitalstoffen stellte sich mir einmal als »Gesundheitsdoktor« vor.

Natürlich spricht nichts dagegen, dass Sie eigene Berufe entwickeln (soweit die entsprechenden Bezeichnungen nicht geschützt sind). Bedenken Sie aber bei aller Kreativität, ob ein solcher Freestyle-Ansatz zu Ihrem Zielpublikum, zu Ihrer Persönlichkeit und zu Ihrem Produkt passt.

Ein großer Vorteil des Freestyle-Ansatzes ist zweifellos, dass er viele Menschen dazu bringen wird, zurückzufragen, was ein zentrales

Ziel unseres Elevator Pitchs ist.

Der Customer-Story-Ansatz

Natürlich ist es nicht möglich, innerhalb weniger Sekunden eine ganze Story zu erzählen. Das wäre ohnehin kontraproduktiv. Ziel ist es ja, eine Rückfrage zu erreichen.

Gemeint sind vielmehr Aussagen in einem Satz, der das Anliegen aus Kundensicht formuliert. Dargestellt wird der Nutzen, den Kunden in der Vergangenheit durch die eigenen Marktleistungen erzielt haben:

»Meine Kunden reduzieren ihre Zahnarzt-Kosten um 90 Prozent«, könnte beispielsweise die Aussage eines Fachmanns für professionelle Zahnreinigung sein.

»Unsere Kunden können schon auf dem Weg zum Flughafen entspannen, wenn sie in den Urlaub fliegen«, ist eine entsprechende Aussage eines Hotels in Flughafennähe, in der Menschen die letzte Nacht vor dem Flug in den Urlaub verbringen können, um anschließend mit der Hotellimousine zum Airport gefahren zu werden.

Selbstverständlich ist die Customer-Story vor allem dann sinnvoll, wenn das Zielpublikum seine eigenen Bedürfnisse und Motive in der Customer-Story wiederfindet.

Wie weiter? – Das Varianten-Drehbuch

Ich erlebe immer wieder, dass Menschen wundervolle Elevator Pitchs erarbeitet haben (oder von einem Marketing-Fachmann erarbeiten ließen) und dann »in der Luft« hängen, wenn ihr Gegenüber tatsächlich Interesse zeigt oder eine Rückfrage stellt. Man sieht ihnen förmlich an, dass sie sich fragen: »Was sage ich jetzt? « Manche verfallen auch in das bereits beschriebene Stotterer-Modell oder ins »Das ist eine lange Geschichte«-Modell. Kurz: Sie hätten sich den ganzen Aufwand sparen können.

Wenn Sie EP2 wirklich erfolgreich einsetzen wollen, müssen Sie sich natürlich Gedanken machen, welche Reaktionen Ihr Gegenüber zeigen kann. Welche Fragen könnten sich ergeben? Was könnte das Gegenüber sagen?

Sie werden sehen, dass auf einen wirklich passenden EP2 zwischen fünf und zehn Rückmelde-Varianten eine relativ hohe Eintrittswahrscheinlichkeit besitzen. Natürlich existieren immer die exotischen Ausreißer. Auch diese sollten Sie einplanen.

Es macht zudem Sinn, Ihren EP2 an Freunden und Bekannten zu testen. Schreiben Sie für die verschiedenen gefundenen Antworten und Rückfragen die weiteren Dialogoptionen. Bedenken Sie dabei, dass es für die Beteiligten auch im weiteren Verlauf immer mehrere Möglichkeiten zu antworten gibt.

Sollen Sie nun alle möglichen Dialoge auswendig lernen? Natürlich nicht! Wichtig ist, dass Sie sich Gedanken machen, wie der Dialog weitergeführt werden *könnte*, und dabei stets das definierte Zwischenziel im Blick haben.

Beachten Sie: Es geht vorerst nicht um das

Hauptziel, auf dessen Basis Sie Ihr Zielpublikum definiert haben, sondern um das nächste Teilziel. Das könnte beispielsweise der Austausch der Kontaktdaten sein oder die Vereinbarung eines weitergehenden Gesprächs. Ob Sie dieses Ziel erreichen, ist der Gradmesser, ob Ihr EP2 und das nachfolgende Drehbuch überzeugend sind oder ob Sie weiter daran arbeiten sollten.

Aktiv werden und multiplizieren

Je nachdem, welches Ziel Sie verfolgen, werden Sie mehrere Kunden oder Zielgruppen und vielleicht sogar mehrere Ziele innerhalb einer Zielgruppe haben. Beispielsweise ist denkbar, dass Sie sportliche Mittvierziger in gehobener Position ebenso als Kunden wie als Vertriebspartner gewinnen wollen.

Ihre Aufgabenstellung ist nun, dass Sie für jedes Ziel und jede Zielgruppe, die Sie mit dem EP2-Ansatz angehen wollen, eine eigene EP2 definieren. Je nachdem, mit wem Sie auf einer Veranstaltung zusammentreffen, können Sie dann die passende Ansprache wählen.

Wichtig am EP2-Ansatz ist, dass er konsequent genutzt wird und man – basierend auf den Resultaten – die einzelnen Schritte wiederum durchgeht und optimiert. Wie ein Bogenschütze werden Sie am Anfang noch öfters den Rand der Zielscheibe treffen. Doch je mehr Sie üben und an Ihrer Technik sowie an der Argumentation arbeiten, desto öfter schießen Sie ins Zentrum und erreichen Ihr Ziel.